AF332677

LES
ERRATA HISTORIQUES MILITAIRES

PAR TH. JUNG

CAPITAINE D'ÉTAT-MAJOR.

« Notre vraie histoire de France est
« encore enfouie dans la poussière de
« nos chroniques contemporaines. »
AUGUSTIN THIERRY,
Lettre I sur l'histoire de France.

I

DE QUELQUES ERRATA

DE L'ANNUAIRE MILITAIRE FRANÇAIS ;

PARIS

TYPOGRAPHIE HENNUYER
RUE DU BOULEVARD, 7

1869

Extrait de la *Revue militaire française*.

ERRATA HISTORIQUES MILITAIRES

DE QUELQUES ERRATA

DE L'ANNUAIRE MILITAIRE FRANÇAIS

Dans la liste chronologique et biographique des ministres secrétaires d'État de la guerre, qui forme l'avant-propos de l'*Annuaire militaire français*, il est dit que :

M. Sublet des Noyers (François), baron de Dangu, cessa ses fonctions de secrétaire d'État le 10 avril 1643 et que Michel Le Tellier fut nommé le 13 avril.

D'abord ce n'est pas *Sublet des Noyers* que s'appelle le secrétaire d'État, mais *Sublet de Noyers;* ce n'est point le 10 avril qu'il a cessé ses fonctions, et enfin ce n'est point le 13 avril que Michel Le Tellier a été nommé secrétaire d'État au département de la guerre.

Voici, d'après les documents inédits et authentiques qui existent aux Archives de la guerre et à la Bibliothèque impériale, le récit des événements qui ont amené ce changement de ministère :

Le *vendredi* 17 *avril* 1643, à l'aube, un gentilhomme suivi d'une escorte de chevau-légers du Régiment-d'Aigueboune se faisait reconnaître des avant-postes du camp français, installé devant Asti, pénétrait dans la place qui venait de capituler et remettait un papier revêtu du sceau royal au sieur Michel Le Tellier, alors intendant de police et finances à l'armée d'Italie.

Les ordres contenus dans ce pli devaient être urgents, car l'envoyé du cardinal Mazarin n'avait mis que cinq jours pour se rendre de Paris en Piémont. Le pli renfermait en effet trois dépêches, l'une du roi, la seconde du premier ministre de France, le cardinal Mazarin, la troisième de M. Chavigny, secrétaire d'État au département des affaires étrangères.

Les voici *in extenso :*

Saint-Germain en Laye, 11 avril (1).

« M. Le Tellier, ayant été obligé d'accorder au sieur de
« Noyer, secrétaire de mes commandements, la permission
« qu'il m'a demandée de se retirer en sa maison, pour cer-
« taines considérations qui ne m'empêchent pourtant pas de
« le tenir toujours en mes bonnes grâces, je vous fais cette
« lettre pour vous dire qu'ayant été informé particulièrement
« de vos bonnes qualités et du soin et de l'assiduité que vous
« avez apportés à mon service depuis que vous êtes en Pié-
« mont, j'ai jeté les yeux sur vous pour vous mettre dans
« cet emploi et je désire, si votre présence dans mon armée
« n'est pas absolument nécessaire pour le secours de
« Tortone, que vous partiez en toute diligence pour vous
« rendre auprès de moi, après avoir donné tous les ordres

____

(1) Papiers d'État (Bibl. imp., mss.), t. I, p. 289.

« nécessaires et instruit quelqu'un de mes affaires, en sorte
« qu'elles ne puissent recevoir de préjudice.

« Je dépêche présentement au sieur de Grémonville, in-
« tendant de ma justice en Languedoc, et lui commande de
« partir en poste, aussitôt qu'il aura reçu mon ordre, sans
« attendre son équipage qui viendra après lui, pour aller
« en Piémont en toute diligence et y faire la charge que vous
« quittez. Il doit passer par Valence, Embrun, Gap, Pignerol
« et je serai bien aise que vous le puissiez rencontrer en l'un
« de ces lieux, afin de l'informer de tout ce que vous ju-
« gerez être important au bien de mon service. La présente
« n'étant à autre fin, je prie Dieu qu'il vous ait en sa sainte
« garde.   « (Signé) LOUIS.

« (Contre-signé) Bouthillier. »

MAZARIN A LE TELLIER (1).

« Monsieur,

« Celle-ci sera pour vous dire que le roi ayant accordé à
« M. de Noyers la permission de se retirer, qu'il lui a in-
« stamment demandée, il a jeté les yeux sur votre personne
« pour exercer sa charge de secrétaire d'État par commis-
« sion. La satisfaction qu'il a de votre sagacité et de vos ser-
« vices lui ont donné cette pensée, et je vous puis assurer
« que M. de Chavigny n'a rien oublié pour l'y confirmer.
« Vous ne douterez point que je n'aie rendu le témoignage
« que la vérité et l'affection que j'ai pour vous m'obligeaient
« de rendre. Vous vous mettrez donc en état de partir, dès

____

(1) Papiers d'État (Bibl. imp., mss.), t. 1, p. 295.

« que vous aurez reçu la présente que vous porte un gentil-
« homme que j'ai à moi, et vous donnerez à M. Grémonville,
« en le rencontrant, toutes les lumières et instructions dont
« il importe qu'il soit muni pour succéder dignement à votre
« emploi. J'ai fait des avances de votre part à M. Le Roy,
« que je me promets que vous ne désavouerez pas et j'ai
« en cela considéré son mérite et la parenté et l'amitié qui
« est entre vous deux.

« Pour ce qui est de la passion que j'ai de ce qui vous
« touche, vous le pouvez mieux juger par les effets que par
« mes paroles, et vous verrez encore avec le temps que je
« suis plus que personne au monde

« Votre très-affectionné serviteur,

« MAZARIN. »

« *N. B.* Je crois que vous ne me désavouerez pas des
« avances que j'ai faites à M. de Chavigny en votre nom. »

M. DE CHAVIGNY A LE TELLIER (1).

11 avril.

« La lettre du roi vous apprendra le sujet pour lequel ce
« courrier vous est dépêché, et comme Sa Majesté vous
« choisit pour vous mettre dans l'emploi qu'avait M. de
« Noyers, le roi lui ayant accordé la très-humble prière qu'il
« lui a faite de lui permettre de se retirer en sa maison.
« Quoique je sois assuré que vous ne douterez point des
« bons offices que M. le cardinal Mazarin vous a rendus en
« cette rencontre, je vous dois dire que Sa Majesté a con-
« sidéré seulement le témoignage qu'il a rendu de vous,

(1) Papiers d'État (Bibl. imp., mss.). t. I, p. 291.

« pour vous faire la grâce que vous recevrez présentement
« et que vous lui êtes obligé tout autant que l'on peut être.
« Pour moi, monsieur, si quelque chose est capable de me
« consoler dans le déplaisir que j'ai de l'éloignement de
« M. de Noyers, c'est de voir approcher auprès du roi une
« personne que j'estime tant que vous et à qui je désire té-
« moigner en toutes occasions que je suis véritablement...

« Je ne doute pas qu'il ne courre de mauvais bruits de la
« santé du roi au lieu où vous êtes, et que les ennemis ne le
« désirent autant qu'ils peuvent, moi je vous puis assurer
« qu'elle se fortifie de jour en jour par la grâce de Dieu, et
« que Sa Majesté n'a plus qu'à reprendre un peu de forces
« pour être en état d'aller à Chantilly où elle demeurera
« quelques jours et ensuite ira sur la frontière, pour faire
« agir ses armées plus puissamment. »

Ainsi donc le maître des requêtes, simple intendant d'une
armée d'au delà les monts, devenait subitement l'un des personnages considérables du royaume, car après le premier
ministre et le chancelier, le secrétaire d'État chargé de la
guerre se trouvait avoir alors le département le plus important, par suite des armées nombreuses que la France s'était
vue forcée de mettre sur pied. La nouvelle de l'événement se
répandit vite en Piémont, et dès le lendemain de l'arrivée du
fameux courrier la duchesse de Savoie, Chrestienne de
France, sœur de Louis XIII, adressait de Turin au jeune et
heureux maître des requêtes, une lettre autographe pour le
féliciter de sa nomination (1).

____

(1) Turin, 18 avril. Papiers d'Etat (Bibl. imp.), t. I, p. 295. (Autographe.
Nous le donnons sans en changer l'orthographe).

« Monsieur Le Tellier,

« Je me réjoui avec vous de l'élection qu'il a pleu à Sa
« Majesté de faire de votre personne, afin venir oprès de luy
« et vous prie de croyre que personne ne prens plus de
« part que moy, et que cest cens adulation non tant pour
« l'intérêt que jay pensé trouvé dans un si bon chois, mes
« pour la seulle estime que jay toujours fait de vos mérite,
« je vous prie de le croyre et d'agrée ce mien sentiment
« jusqu'à ce que de vive voix, je m'en puice expliquer davan-
« tage, faite moy le plesir de croyre que je suis très-véri-
« tablement.   « Votre affectionnée amie,

« Chrestienne. »

Ce n'est que le surlendemain que Le Tellier accuse à Mazarin réception des dépêches de la cour (1).

« Je n'entreprends pas , par une dépêche à Votre Ex-
« cellence, de la remercier de la grâce qu'il lui a plu me
« procurer auprès du roi, mais bien de lui faire connaître
« par une longue suite d'actions que j'en ai tous les res-
« sentiments que je dois et qu'elle ne pouvait choisir per-
« sonne qui fut plus attaché à ses interêts, ni plus fidèle
« ses services.

« J'appréhende seulement que mon industrie ne réponde
« pas à l'opinion qu'il lui a plu en concevoir, mais comme
« elle n'a pour fondement que la bonté de Votre Excellence,
« j'espère qu'elle se contentera que j'essaye de réparer ce
« qui me manque, par travail, assiduité et bonne intention,

____

(1) 19 avril Fonds Le Tellier (Bibl. imp., mss.), n° 5159, p. 115, datée
d'Asti.

« pour l'exécution de tout ce qu'il lui plaira me commander.

« Je partirai demain, Dieu aidant, de Piémont pour Lyon
« par le chemin qui m'est marqué par la dépêche du roi,
« quoique je n'estime pouvoir donner à M. de Grémonville,
« par une simple conférence, les lumières de ce qu'il con-
« vient faire ici. Je laisse un de mes parents qui sert avec
« moi depuis deux ans, qui l'informera de tout et je ferai
« rédiger par écrit des mémoires, lesquels je lui en-
« verrai quand il aura appris la première teinture des affaires
« du pays. »

Sa lettre à M. de Chavigny est plus simple. Elle indique par-
faitement la nuance qui existe entre ces différents personnages
et la part d'influence qu'il attribue à chacun d'eux (1).

« MONSEIGNEUR,

« La dépêche du roi et la vôtre m'ont été rendues dans la
« ville d'Asti, le 17 du courant, à la pointe du jour. La re-
« traite de M. de Noyers m'a surpris, mais bien plus ma pro-
« motion en son emploi, duquel je me sens très-incapable.
« Je sais bien que je dois cette grâce à M. le cardinal Ma-
« zarin et à la déférence que vous avez pour les sentiments
« de Son Excellence.

« Je partirai demain pour Lyon, par le chemin qu'il vous
« a plu me marquer, qui me retardera de deux ou trois
« jours pour rencontrer M. de Grémonville, quoique je ne
« pense pas par une simple conférence lui être fort utile.
« Je laisse à l'armée un de mes parents qui est avec moi de-
« puis deux ans..... »

(1) 19 avril (Bibl imp., mss), nᵒ 3459, p. 116.

Remarquons en passant, que Le Tellier ne dit rien à Chavigny de la lettre de Mazarin.

Le 20 avril, comme il l'avait annoncé, Le Tellier quittait Asti et l'armée, se rendait à Turin, faisait ses adieux à la cour de Savoie, laissait dans cette ville Mme Le Tellier (née Turpin), avec trois enfants, dont un âgé de neuf mois, Camille Le Tellier, le futur archevêque de Reims, puis gagnait la frontière en se conformant à l'itinéraire qui lui avait été tracé.

Rencontra-t-il M. de Grémonville en route? Dut-il l'attendre? Nous n'avons pu acquérir la preuve du fait, mais tout le laisse supposer, car, parti le 20 avril de Turin, Le Tellier n'arrivait à Paris chez son beau-frère, M. Colbert de Saint-Pouenges, que le dimanche au soir, 3 mai (1).

Le 4, il se rendait à Saint-Germain.

Le mardi 5, il prêtait serment entre les mains du roi. Sa commission de secrétaire d'État n'était établie que pour six mois.

Dès le 6, il entrait en fonctions.

D'où provinrent la disgrâce de M. Sublet de Noyers et la faveur de Michel Le Tellier? Pour le premier de ces faits, on ne peut émettre encore que des suppositions.

Le 4 décembre 1642, le cardinal Richelieu, usé par le travail incessant auquel il avait consacré son existence, s'était éteint à Paris, dans la cinquante-huitième année de son âge et la dix-huitième de son ministère (2).

Il avait le poumon tout gâté et deux abcès dans la poi-

(1) Journal de D'Ormesson.
(2) Archives de la guerre

trine, dirent les rapports des médecins chargés de faire l'autopsie de ce qui restait de ce grand niveleur.

Après sa mort, au conseil comme dans la direction des affaires, il n'y eut rien de changé qu'un cardinal nouveau, Mazarin, qui cherchait par ses manières prévenantes, onctueuses même, à se mettre bien avec tout le monde et à faire accepter une situation en réalité assez équivoque pour un étranger.

Le conseil se composa comme par le passé, pour ce qui concernait l'expédition des affaires : d'un premier ministre, Mazarin ; du chancelier, Séguier ; et des secrétaires d'État, Sublet de Noyers (département de la guerre), Bouthillier (surintendance), de Chavigny (affaires étrangères).

La famille de feu le cardinal fut comblée. Le maréchal de la Meilleraie obtint le gouvernement de Bretagne. La surintendance de la navigation, le gouvernement de Brouage et des Iles échurent au marquis de Brégé. Pontcourlai, celui qui devait porter le titre de duc Richelieu, fut nommé gouverneur du Havre. Quant aux disgrâciés de l'ancien ministre, à la suite de démarches personnelles de Mazarin, ils reçurent l'autorisation de reparaître à la cour. Le duc d'Orléans, le duc de Vendôme, les maréchaux de Bassompierre, de Vitry, furent rappelés le 12 mars 1643.

La fin de l'année 1642 et les premiers jours de 1643 s'étaient donc passés d'une manière assez calme et rien ne faisait présager une situation nouvelle. Malheureusement le 21 février, le roi, qui n'avait jamais joui d'une bonne santé, se trouva attaqué d'un flux hépatique, accompagné d'une fièvre lente qui ne le quitta point, d'une insomnie presque continuelle,

de vives douleurs d'hémorroïdes et d'un dégoût extrême
pour toute sorte d'aliments (1).

Dès lors, les événements se succédèrent rapidement à cette
cour où chacun, en prévision d'un avenir incertain, cherchait à s'assurer une situation indiscutable. Ce fut au milieu
de cette collision d'intérêts de toute nature que survint la
disgrâce de Sublet de Noyers. La nouvelle surprit tout le
monde ; elle ne fut connue dans Paris que le 12 avril, c'est-
à-dire le lendemain même du départ du courrier de Mazarin
pour Asti.

Le dimanche 12 avril, M. de Jouy (2), gentilhomme de
Monsieur, qui dînait avec M. d'Ormesson, le père, racontait
que la demande de M. de Noyers était venue à la suite d'une
contradiction. Après une sollicitation de M. de Noyers, le
roi aurait répondu qu'il n'avait jamais refusé le congé à personne, de quoi M. de Noyers l'aurait remercié et se serait re-
tiré en boudant dans sa chambre, où, peu après, il aurait
reçu par M. de Guénégaud l'ordre de s'éloigner à Dangu
et de laisser ses deux commis avec la cassette aux papiers.

Le même jour, M. de Bruslon disait également à M. d'Ormesson que M. de Noyers n'avait été « chassé que parce que,
comme il croyait être fort homme de bien et avait une ab-
solue disposition de plus de 30 millions de livres par an, sans en
rendre compte à personne, sous M. le cardinal de Richelieu,
il eût voulu continuer de même. Le roi se serait offensé de
cette prétention ; de là serait venue la discussion. » C'était

(1) Archives de la guerre.
(2) Journal de D'Ormesson

ainsi, ajoutait M. de Bruslon, que Mazarin avait fait part de
l'événement à M. de Charost.

La famille de Le Tellier à cette date n'avait aucune con-
naissance de la nouvelle. Le 12, M. de Saint-Pouenges, qui
faisait aussi partie du dîner de M. de Jouy, disait savoir seulement que le roi se montrait fort satisfait des services de
son beau-frère et qu'en parlant de lui, il l'aurait déclaré fort
capable d'un plus grand emploi.

Le 13, les bruits les plus contradictoires circulaient à
Saint-Germain. On prétendait que M. d'Emery serait secrétaire d'État au lieu de M. Le Tellier, qui deviendrait lieu-
tenant-civil à la place de M. de Laffémas, le beau-frère du
gouverneur de la Bastille, le sieur du Tremblay.

En réalité, les motifs de la défaveur subite de M. de Noyers
échappaient à tous. Dans la dépêche royale, la raison allé-
guée était bien le désir personnel de Sublet de Noyers de se
retirer à Dangu; mais cela était si peu dans les idées du mal-
heureux disgrâcié, que La Vrillière, dans une lettre écrite le
16 avril au commis de la guerre le sieur Le Roy, continue à
donner des ordres et paraît disposé à regarder tout cela
comme un malentendu.

« Vous savez, écrit-il à Le Roy, que M. de Noyers (1), après
« avoir fait instance au roi en diverses rencontres pour son
« congé, Sa Majesté le lui a accordé, et cependant Sa Ma-
« jesté n'a point commandé de prendre soin des affaires de
« sa charge. Je vous adresse le titre avec son opinion sur
« les diverses dépêches, etc... »

(1) 16 avril. Vol. LXIV, (Dép. g.,.

Dans une seconde lettre datée du 20, La Vrillière est plus explicite ; il envoie des instructions dans le sens de la dépêche royale à M. Imbert, également commis au secrétariat de la guerre :

« Vous avez su, lui écrit-il, que M. de Noyers (1), après
« diverses instances qu'il a adressées au roi pour son congé,
« a eu permission de se retirer en sa maison de Dangu, où
« il vivra dans une entière tranquillité et que, pour marque
« de contentement qui demeure à Sa Majesté de ses services,
« Elle lui conserve les charges de surintendant des bâti-
« ments. M. Le Tellier est choisi pour lui succéder et ce
« changement ne doit en rien vous faire relâcher des soins
« que vous avez dans l'emploi où vous êtes. »

Fût-ce comme l'ont raconté certains historiens, par excès d'orgueil, sous l'impulsion des jésuites désireux, au moyen de la faveur du secrétaire d'État, d'imposer leur volonté à la future régente ? Fût-ce simplement à la suite d'une querelle de maître et de valet, ou bien l'un fût-il la conséquence de l'autre ? Après un mot un peu dur du roi qui l'aurait appelé *petit bonhomme*, Sublet, piqué et se croyant plus en faveur qu'il n'était, répondit que, si Sa Majesté le supposait un donneur de bourdes, Elle ne devait point se servir de lui et qu'il la priait de lui donner son congé ? Fût-il pris au mot ? Cet événement enfin ne devint-il que la conséquence d'une combinaison de cour ?

Le 13 février, Le Tellier écrit de Turin au cardinal (2) :
« Je suis bien obligé à M. de Longueville de la proposition

(1) Vol LXIV (Dép. g.). p. 46.
(2) Bibl. imp., mss., n° 5159. p. 103.

« qu'il a faite à Votre Excellence pour moi, quoique je ne
« me sois ouvert à lui de chose quelconque qui me regarde.
« Aussi, crois-je, que s'étant souvenu de la recommanda-
« tion de Votre Excellence, il a cru faire quelque chose qui
« lui serait agréable. J'en ai toute l'obligation à Votre Excel-
« lence, de laquelle j'accepte de bien bon cœur les offres
« qu'il lui plaît me faire pour l'obtention de cette grâce qui
« est très-importante à ma fortune, etc... »

Et Mazarin lui répond le 24 février (1) :

« ..... Je finis, après vous avoir assuré que je n'oublierai
« rien pour obtenir de Sa Majesté la grâce que vous désirez
« et que je prendrai mon temps pour lui en parler avec
« des termes dignes des services que vous lui rendez et de
« l'estime que je fais de votre mérite. Elle ne saurait être
« plus grande, ni moi plus véritablement

« Votre très-affectionné et très-véritable à vous faire ser-
« vice,

« MAZARIN. »

Cette grâce promise est-elle celle d'être nommé secrétaire
d'État de la guerre ou lieutenant civil à la place de Laffemas ?
Mazarin qui, en Italie et à Paris, avait été à même d'appré-
cier à sa juste valeur les talents de de Noyers, s'était-il pro-
mis de profiter de la première occasion pour lui substituer
l'intendant Le Tellier ? Le duc de Longueville qu'on avait
envoyé en Piémont partageait-il les vues du ministre ? La
chute de de Noyers fut-elle préparée à l'avance et la colère
du susceptible secrétaire d'État ne fut-elle suscitée que pour

____

(1) Papiers d'État (Bibl imp., mss.), t. I, p 271.

permettre une mise en disponibilité motivée ? De toutes ces opinions que nous émettons et qui ne sont que des hypothèses, la seule qui nous paraisse présenter des garanties suffisantes d'authenticité est la suivante, trouvée dans les papiers mêmes du secrétaire d'État Le Tellier.

« L'inquiétude du roi lui rendait toutes les résidences im-
« possibles. Il s'était fait porter au Château-Neuf à Saint-
« Germain, où, ayant eu relâche à son mal, il tenait des
« conseils (car, à mesure que les forces lui manquaient, le
« désir de vivre croissait en lui). Il s'occupait de faire des
« économies et il parlait de retrancher des corps de
« Catalogne. De Noyers, regardant La Mothe (1), son pa-
« rent, comme un appui, plaida pour lui. Rebuté par le roi, il
« sortit de la chambre pour donner le temps à Mazarin
« d'appuyer sa demande. Le cardinal le fit en disant que,
« où il s'agissait des intérêts du duc de Cardonne, il ne de-
« vait pas moins attendre de de Noyers. Le roi prétendit
« avoir tiré le duché à La Mothe par la rançon du duc de
« Toralta qu'il lui avait donnée, rançon dont le maréchal
« avait tiré 100 000 écus (1 500 000 francs de notre monnaie).
« Le roi répondit avec aigreur que La Mothe n'était plus duc
« de Cardonne, qu'il en était bien payé ; à quoi, le cardinal
« ayant réparti que de Noyers lui en donnait le titre, le roi
« s'échauffa si fort que le cardinal, pour se justifier, repli-
« qua qu'il le pouvait vérifier. Il le fit deux jours après. Le
« roi s'était déjà plaint que de Noyers affectait de le con-

(1) Ce maréchal de La Mothe-Houdancourt, cousin germain de de Noyers, était vice-roi de Catalogne depuis plus d'un an. Il fut emprisonné plus tard en 1645, à cause de ses vols et de ses exactions de toutes sortes.

« trarier. D'un côté, Chavigny avait fait dire au roi que
« de Noyers se servait mal du fond de la subsistance ; d'au-
« tre côté, le maréchal de Châtillon demandant quelques
« expéditions en faveur des huguenots, de Noyers lui avait
« répondu qu'il lui semblait qu'on lui coupait la main lors-
« qu'il en signait. D'autre part, les députés de Hollande
« avaient dit au roi que de Noyers était suspect aux alliés
« protestants. Tout cela joint ensemble aigrit le roi. Sur
« quoi de Noyers offrit de remettre sa charge et sortit de la
« chambre en demandant son congé. De Noyers, persuadé
« par Chavigny et Mazarin que le roi ne consentirait jamais
« qu'il se retirât, redoubla ses poursuites. Le cardinal fut
« parler au roi et apporta l'ordre à de Noyers de partir le
« même jour. Sublet reçut le coup sans murmurer, croyant
« que cela lui servirait. Il eut un entretien d'une heure avec
« son confesseur, donna audience à son ordinaire, se mon-
« tra plus traitable que d'habitude et affecta une fermeté
« qu'il ne maintint pas longtemps. »

Effectivement, à la mort de Louis XIII Sublet de Noyers
revint à Paris solliciter. Le 6 juin, le bruit courut un instant
que le comte de Brienne serait secrétaire d'État à la place
de de Noyers, à qui l'on donnerait 200 000 livres comme
indemnité. Le Tellier devait recevoir 100 000 livres et de-
venir premier président à Bordeaux. Le combinaison ne
réussit pas.

Plus tard encore pour arrêter ses réclamations et ses
plaintes, on lui offrit 300 000 livres et l'archevêché d'Aix (1).

(1) Journal de D'Ormesson

Croyant qu'il était nécessaire, notre boudeur n'accepta point. Il voulut imposer ses conditions et se faire donner l'archevêché de Rouen, où se trouvait enclavée sa propriété. Cette fois, poussé à bout, Mazarin le fit déclarer d'office démissionnaire de sa charge. Découragé, malade, de Noyers retourna à Dangu pour ne plus revenir. Il y mourut le 20 octobre 1645.

Le plus heureux dans l'aventure fut Le Tellier (1), qui y gagna une charge et 100 000 livres que la reine lui avait données pour l'aider dans l'achat du brevet.

M. Sublet de Noyers avait un frère et un fils. Son frère, seigneur de Romilly, conseiller du roi et trésorier général des guerres, habitait rue des Lions et mourut en 1655. Il fut enterré à l'église Saint-Paul (2).

Quant au fils, M. de la Beaussière, il succéda à son père comme surintendant des bâtiments du roi ; seulement il fut privé de la propriété de Dangu pour laquelle de Noyers n'avait pas pris les sûretés nécessaires.

De ces dépêches, il ressort donc que Sublet s'appelle *de Noyers*, mais non *des Noyers*, qu'il a cessé ses fonctions le 11 et signé jusqu'au 20, qu'enfin la nomination de Le Tellier est du 11 avril et son entrée en fonction du 6 mai 1643.

Les dates qui suivent dans l'*Annuaire* sont-elles plus exactes ? Il n'en est rien malheureusement.

Michel Le Tellier y est indiqué comme cessant ses fonctions le 24 février 1662 ; or, il est encore au secrétariat en 1667, y prie les chefs d'adresser leur lettres à son fils Louvois, et ne quitte son poste que pour y rentrer toutes les

(1) Mémoire de Montglat.
(2) Dictionnaire de Jal

fois que les circonstances l'exigent ou que son fils se rend personnellement aux armées.

Plus loin, l'on met : « Comte de Loménie-Brienne, ministre des affaires étrangères, ministre secrétaire d'État de la guerre, janvier 1651, 10 décembre 1651. »

D'abord, ce n'est pas *comte de Loménie-Brienne* que s'appelle cet homme d'État, mais le *sieur Loménie, comte de Brienne*. Ensuite il n'est pas ministre des affaires étrangères (cette fonction n'existe pas encore), il n'est que secrétaire d'État au département des affaires étrangères. Enfin, ce n'est pas en janvier qu'il est nommé, car ce n'est que le 19 juillet que Le Tellier quitte officiellement son poste, et ce n'est que le 22 que l'avis de cette mutation est adressé à tous les gouverneurs, intendants, etc. (1).

Plus loin encore, il est dit que « Louvois est nommé secrétaire d'État le 24 février 1662 et qu'il commence ses fonctions le même jour. » Or, à la date du 24 février, Louvois vient d'avoir vingt et un ans, il n'est marié que depuis un mois à Mlle de Souvré. Il n'a obtenu que l'autorisation de signer, c'est-à-dire de collaborer avec son père. C'est un cadeau de noce, une flatterie à l'égard de Le Tellier et un moyen d'habituer le jeune homme à connaître peu à peu les affaires qu'il ne doit diriger à peu près complétement que cinq années après.

Voilà pour de simples dates relatives à deux ou trois ministres.

L'exposé historique qui précède la liste chronologique n'est pas plus exempt d'erreurs incroyables.

(1) Dépôt de la guerre, vol. CXXVI, p. 343, 344.

Le 1ᵉʳ avril 1547 y est désigné comme date de la réduction du nombre des secrétaires des commandements et finances à quatre titulaires.

Or cette organisation ne date point du 1ᵉʳ *avril* 1547, mais de *juin* 1399, sous Charles VI. La pièce probante existe aux archives de la Bibliothèque impériale, dans les travaux mêmes de Le Tellier, sur le fonctionnement du secrétariat de la guerre.

Ces quatre premiers secrétaires furent : Louis Blanchot, Pierre Mauhat, Jean Dessaintz, Gontier Col.

Quelques lignes plus bas, le 8 septembre 1688 est noté comme point de départ du mécanisme des secrétaires d'État, tandis que c'est à 1678 que remonte cet agencement nouveau.

Enfin, l'exposé de l'*Annuaire* ne parle point des trois seuls règlements importants qui doivent servir de base au service du secrétariat de la guerre jusqu'à la Révolution : *le Règlement organique des secrétaires d'État de la guerre* du 29 avril 1619; *le Règlement général des secrétaires d'État, de leurs rapports et de leurs attributions*, du 11 mars 1626; *la Réorganisation du secrétariat de la guerre*, de 1658.

Or, si pour des dates et des faits d'une nature précise, qui n'ont aucune connexion avec les appréciations, jugements des historiens, on trouve de telles erreurs à chaque ligne, on a le droit de rester stupéfait. [Qu'on songe que cet *Annuaire militaire* a quelque chose d'officiel, que toutes ces dates et faits sont répétés à l'infini, soit dans les journaux, soit dans les livres d'instruction, soit dans les travaux des étrangers, et l'on comprendra de quel doute on doit être saisi, lorsque des dates on passe au récit des événements qu'elles ont marqués.

Qu'on en juge !

L'*Annuaire militaire* consacre les lignes suivantes à Le Tellier :

« Le Tellier, maître des requêtes, intendant de l'armée
« d'Italie, contribua beaucoup à terminer les troubles de la
« régence, traita en 1652, à Limours, avec le duc d'Orléans;
« l'habileté de ses mesures assura, en 1654, la délivrance de
« la ville d'Arras, assiégée par le prince de Condé. Fonda
« en 1661, le collége des Quatre Nations, en exécution du
« testament de Mazarin. Nommé en 1677, chancelier de
« France, il contre-signa en cette qualité la révocation de
« l'édit de Nantes, au mois d'octobre 1685. Mort le 30 du
« même mois, à quatre-vingt-deux ans. »

Du passage de ce ministre au secrétariat, passage qui a duré quelque vingt-quatre ans, il n'est dit mot.

A l'époque où nous nous trouvions à l'école militaire de Saint-Cyr, voici ce qu'on nous apprenait :

« Ministres en 1661, à la mort de Mazarin : Séguier, aux
« sceaux ; duc de Lionne, aux affaires étrangères ; Louvois
« et son père Le Tellier, à la guerre ; Fouquet, aux finances.»

C'était la seule et unique fois où Le Tellier était nommé, encore était-ce à tort, car Louvois n'avait que dix-neuf ans en 1661 et n'était pas attaché au secrétariat de la guerre. Il ne devait avoir permission de signer qu'une année après, le 24 février 1662.

Lavallée dans son tome III de l'*Histoire de France* ne fait que répéter la même erreur et ne consacre que deux lignes au secrétaire d'État. Il en est de même de tous les autres qui ne font que se copier. Exceptons pourtant le général Grimoard, comme nous le verrons dans une autre étude.

Il y a loin de ce portrait à celui de Le Tellier, maître des requêtes, procureur au Châtelet, rapporteur dans l'affaire des *Va-nu-pieds*, intendant de justice, police et finances à l'armée d'Italie, arrivant au secrétariat de la guerre, au moment d'une régence, à la veille de la Fronde, avec la guerre à l'extérieur et cinq armées sur pied pour la soutenir, travaillant jour et nuit, traitant toutes les affaires importantes lui-même, parvenant à force d'intelligence et de persévérance à faire face à tout, participant à tous les événements militaires, civils et religieux, etc.

Il y a loin de là au Michel Le Tellier, premier et seul organisateur de l'armée française, à qui l'on doit :

L'uniformité du service au secrétariat de la guerre (1658). — Le service des postes. — Le règlement sur le recrutement des troupes ; la fixation de la solde ; l'abolition de la pluralité des charges (20 décembre 1643). — Le règlement des étapes (30 octobre 1644 et 1665). — Le premier service intérieur, type de celui de 1708 (4 novembre 1651). — La subsistance et les vivres ; les commissaires généraux des guerres (décembre 1654). — L'installation des corps de garde et du casernement ; le chauffage et l'éclairage ; la première literie à Perpignan (1661). — Le premier service des places (12 et 28 octobre 1661). — L'abolition des morte-paye (1661-1662). — L'obligation des troupes à tenir garnison (1660-1661), (1er décembre 1661). — L'organisation définitive de la masse d'entretien. — Le règlement pour la justice militaire, pour les hôpitaux militaires, la nomination des médecins et des apothicaires, etc. — L'obligation au brevet. — Le règlement sur l'uniforme des officiers. — L'organisation de la maison du roi (1659-1663). — La création de l'intendance des fortifications (1645) ; l'organisation des premières places modèles, Arras, Dunkerque, Sedan, Pignerol, Perpignan. — Règlement pour les soldats estropiés (1645 et 2 novembre 1655). — Le mot d'ordre. — Les officiers de cavalerie astreints à servir deux ans dans l'infanterie (20 mars 1659). — Les gouverneurs nommés triennaux et non plus à vie (1660). — Le sous-lieutenant (1657) ; le colonel (1661, juillet). — La suppression des colonels-généraux de l'infanterie (1661). — La sujétion du grand maître de l'artillerie au secrétaire d'État de la guerre ; commissaires, nominations, brevets ; les arsenaux ; la première fonderie à Pignerol, la deuxième à Narbonne (1661). — Le règlement pour les rapports entre les armées de terre et de mer (1662-1664). — Le célibat dans l'armée (1661). — La réglementation des corvées (10 mars 1663). — L'uniformité des calibres, etc. — L'organisation du service de la police au dedans et au dehors de Paris (12 juin 1662), etc. — La réorganisation des ordres militaires du mont Carmel, du Saint-Esprit, de Saint-Michel (1661 à 1665), etc.

Enfin mille autres règlements, notes des plus curieuses, toutes annotées et écrites de la main du secrétaire d'État.

Pour Louvois, au contraire, la légende historique est plus complaisante. Voici ce qu'à l'École de Saint-Cyr enseignaient nos professeurs :

ADMINISTRATION MILITAIRE. — LOUVOIS :

1° Louvois crée l'administration militaire tout entière et centralise cette administration entre les mains du ministre. (*Louvois doit être remplacé par Le Tellier.*)

2° Louvois établit la hiérarchie militaire dans le commandement des troupes et centralise l'autorité militaire entre les mains du ministre, en nommant à tous les emplois et à tous les grades. (*Ce n'est pas Louvois, mais Le Tellier.*)

ADMINISTRATION :

1° Le service de l'administration est confié aux commissaires ordonnateurs des guerres (intendants militaires actuels), agents révocables et relevant directement du ministre. Or *c'est Le Tellier* (1644, 1645, 1653, 1654).

2° Création du service des vivres. (*Ce n'est pas Louvois, mais Le Tellier.*)

3° Création des arsenaux, fonderies, poudrières, fabriques d'armes. (*Le créateur est Le Tellier.*)

4° Création des ambulances, des hôpitaux militaires, des Invalides. (*Les ambulances, les hôpitaux militaires, les règlements pour les soldats estropiés sont de l'époque de Le Tellier.*)

5° Création des transports militaires (le train). (*Le Tellier et non Louvois.*)

6° Création de haras, des remontes.

7° Création des casernes, règlement des étapes. Fin des

abus résultant du logement des soldats chez l'habitant. (*C'est de 1660 et 1661, c'est-à-dire de Le Tellier, que date cette création.*)

8° Règlement de la solde ; création des inspecteurs pour réprimer les abus (passe-volant, etc.) et toutes les malversations des officiers propriétaires des régiments et compagnies. (*Toutes ces mesures sont dues à Le Tellier et à ses prédécesseurs ; elles sont réglementées par Le Tellier et continuées par Louvois.*)

9° Création du dépôt de la guerre. (*Elle date, comme idée, de 1619 ; n'a été mise en exécution que par Le Tellier ; mais le dépôt de la guerre n'a été créé qu'en 1701, par Chamillart.*)

ORGANISATION DES TROUPES :

1° Rédaction du Code militaire ; conseils de guerre établis ; établissement de la discipline militaire ; sévérité impitoyable contre les fraudes et contre les fautes dans le service. (*Louvois n'a été pour rien dans ce mécanisme.*)

2° Règlement sur la levée des troupes. (*Est dû à Le Tellier, non à Louvois.*)

3° Organisation et armement des troupes. (*Le Tellier, non Louvois.*)

L'uniforme établi, au lieu des couleurs du colonel. (*Le Tellier, non Louvois.*)

Ordonnance pour régler le service dans toutes les parties. (*Le Tellier, non Louvois.*)

L'infanterie armée du fusil et de la baïonnette.

L'infanterie recrutée et relevée par le choix des officiers.

Pour obliger la noblesse à servir dans l'infanterie, il fut décidé qu'on ne pourrait servir dans la cavalerie qu'après avoir servi dans l'infanterie. (*Cette décision est faite trois ans avant que Louvois ait seulement le droit de signer : elle est de* 1659.

L'inspecteur général Martinet, organisateur de l'infanterie. (*Martinet était déjà chargé de l'organisation du régiment modèle, régiment du roi en* 1662. *Il était lieutenant-colonel. Sa correspondance se fait avec Le Tellier et non avec Louvois.*)

4° Création des inspecteurs généraux chargés de tout surveiller et d'imposer partout la volonté du pouvoir central.

5° Avancement réglé. L'ancienneté permet d'arriver aux grades sans naissance. Premier pas fait vers notre législation. (*Ce système date de Le Tellier.*) Etc., etc., etc.....

En présence de cet exposé rapide, on ressent plus que de la curiosité, on éprouve un sentiment de tristesse. On se demande ce que peut être notre malheureuse histoire de France et l'on comprend mieux cette phrase de notre maître à tous en fait d'études historiques, M. Augustin Thierry :

« Notre vraie histoire de France est encore ensevelie dans « la poussière de nos chroniques contemporaines. »

Soyons donc sérieux une bonne fois et surtout soyons véridiques. Laissons de côté les types légendaires que nous ont légués des panégyristes payés. Sachons dépenser quelques centaines de mille francs pour le dépouillement de nos archives, travail qui nous mettra à même de parfaire notre histoire nationale et d'apprendre à nos enfants quels sont leurs devoirs, en leur faisant mieux connaître ceux qui incombaient à leurs ancêtres (1).

(1) Nous avons toutes les preuves des faits que nous avançons. Nous ferons de leur exposé l'objet d'études historiques successives, analogues à celle que nous avons entreprise pour le récit de l'arrivée de Michel Le Tellier au secrétariat de la guerre.